TÉLÉGRAPHES — TÉLÉ

AIDE-MÉMOIRE

DU

SERVICE TÉLÉPHONIQUE

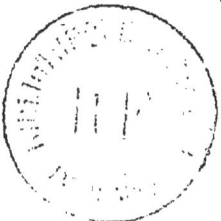

PAR

L. CUREAUT

RÉDACTEUR DES POSTES ET TÉLÉGRAPHES
A LA DIRECTION DE SAÔNE-ET-LOIRE

MACON
—
1906

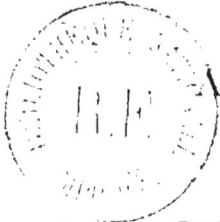

AIDE-MÉMOIRE

DU

SERVICE TÉLÉPHONIQUE

Envoi franco contre mandat-poste de **1** franc
adressé à l'Auteur-Éditeur.

AIDE-MÉMOIRE

DU

SERVICE TÉLÉPHONIQUE

A L'USAGE

Des agents, receveurs et gérants

PAR

L. CUREAUT

RÉDACTEUR DES POSTES ET TÉLÉGRAPHES
A LA DIRECTION DE SAÔNE-ET-LOIRE

L. CUREAUT
AUTEUR-ÉDITEUR
4, RUE DES URSULINES, 4, MACON

1906

AVANT-PROPOS

En présence du développement constant du Service Téléphonique, et en vue d'atténuer, dans une certaine mesure,
les difficultés que rencontre assez fréquemment le personnel chargé de l'exécution de ce service, nous avons pensé
qu'il pouvait être de quelque utilité de réunir, très succincte-
ment et *sous une forme alphabétique*, les différents règle-
ments concernant plus particulièrement les attributions des
Agents de l'*Exploitation*; et de traiter, de façon aussi pra-
tique que possible, les instructions relatives à la comptabilité, à la tenue et à l'emploi des divers registres, formules
et états.

Ainsi rédigé, et facile à consulter, notre *Aide-mémoire*
sera l'auxiliaire journalier permettant aux débutants, et à
tous ceux dont les connaissances professionnelles sont
encore insuffisantes, d'effectuer le service dans de meilleures
conditions.

Le but que nous nous proposons, en publiant ce modeste
ouvrage, aura été atteint, si nous avons pu être utile à
quelques-uns de nos camarades et si nous sommes parvenu
à leur faciliter leur travail quotidien.

L. CUREAUT.

AIDE-MÉMOIRE

DU

SERVICE TÉLÉPHONIQUE

Nota. Les registres, formules et états concernant le service téléphonique ayant subi d'assez nombreuses modifications au cours de ces dernières années, il y a lieu de tenir compte que les numéros des articles, colonnes et paragraphes, qui figurent dans le texte de cette brochure, sont en concordance avec les imprimés des tirages récents (1906).

Abonnement à conversations taxées. — Le taux de l'abonnement *principal à conversations taxées* est de 100 francs la première année ; 80 francs la deuxième ; 60 francs la troisième et 40 francs la quatrième et les années suivantes (Art. 4, décret du 7 mai 1901).

L'appareil téléphonique est mis gratuitement à la disposition de l'abonné à conversations taxées pendant toute la durée de son contrat. Toutefois, l'abonné est libre de fournir lui-même cet appareil, mais il ne peut en résulter aucune diminution sur le prix de l'abonnement. La ligne est construite *gratuitement* dans un *périmètre de 1.000 mètres de rayon, à partir du bureau central.* En dehors de ce périmètre, le titulaire d'un abonnement à conversations taxées rembourse à l'État les frais de constructions de la ligne, à raison de 20 fr. par hectomètre (0 fr. 20 par mètre).

La section de ligne située en dehors de ce périmètre de 1.000 mètres donne lieu au payement d'une *redevance annuelle d'entretien* de 2 fr. par hectomètre (0 fr. 02 par mètre).

L'abonné à conservations taxées ne correspond pas gratuitement avec les abonnés du *réseau local*, et il doit acquitter une *surtaxe spéciale de dix centimes* pour tout télégramme qu'il téléphone, à partir de son poste, ou qui lui est téléphoné du bureau central.

Abonnement de nuit. — Des communications téléphoniques *interurbaines* à heures fixes peuvent être autorisées pendant la nuit par *abonnement*. La taxe *unitaire* de ces communications de nuit est fixée aux *deux cinquièmes* de la taxe unitaire des communications de jour, sans que cette taxe puisse être inférieure à 25 centimes par *unité de conversation*. Les abonnements de l'espèce sont autorisés par l'Administration (Art. 45, 46, 46 *bis*, Inst. 519.

Abonnements des services publics. — Le taux de l'abonnement *forfaitaire* des services publics de l'Etat est, par *poste principal*, de 200 fr. à Paris ; 150 fr. à Lyon ; 100 fr. dans les villes dont la population dépasse 25.000 habitants ; 75 fr. dans celles où elle est égale ou inférieure à 25.000 habitants.

Le taux de l'*abonnement forfaitaire* des services publics des départements ou des communes est, *par poste principal*, de 300 fr. à Paris ; 225 fr. à Lyon ; 150 fr. dans les villes dont la population dépasse 25.000 habitants ; 112 fr. 50 dans celles où elle est égale ou inférieure à 25.000 habitants (Art. 10, décret du 7 mai 1901).

Des postes *supplémentaires*, rattachés aux postes principaux forfaitaires des services publics, peuvent être concédés dans les mêmes conditions que ceux rattachés aux postes principaux forfaitaires privés.

Les services publics de l'Etat, des départements ou des communes peuvent également souscrire des abonnements à conversations taxées aux conditions ordinaires.

Abonnement forfaitaire. — Le taux annuel de l'abonnement *principal forfaitaire* est de 400 fr. à Paris ; 300 fr. à Lyon ; 200 fr. dans les villes dont la population est supérieure à 25.000 habitants, et 150 fr. dans les villes où la population est égale ou inférieure à 25.000 habitants (Art. 4, décret du 7 mai 1901).

Cet abonnement donne le droit au titulaire de correspondre gratuitement avec tous les abonnés du réseau auquel il est relié, et la faculté de transmettre ou de recevoir, sans *surtaxe de dix centimes* (sauf à Paris et à Lyon), ses télégrammes par téléphone.

L'abonné forfaitaire fournit lui-même, et à ses frais, l'appareil de son poste téléphonique. Il rembourse à l'Etat les frais de construction *pour toute la longueur de la ligne*, calculés à raison de 20 fr. par hectomètre (0 fr. 20 par mètre). Cette contribution est due, alors même qu'il serait fait usage, pour relier l'abonné au réseau, d'une ligne déjà existante.

La section de ligne située en dehors du périmètre gratuit de 1.000 mètres de rayon donne lieu au payement d'une *redevance annuelle d'entretien* de 2 fr. par hectomètre (0 fr. 02 par mètre).

Abonnements impayés. — 1° Abonnements ayant plus d'un an de date. — A la clôture de la *journée d'échéance*, c'est-à-dire les 1er et 16 de chaque mois au soir, le receveur adresse, à tout abonné qui ne s'est pas encore libéré, un avis 1392-43 *bis* rose, lui accordant un dernier délai de 5 jours. Le lendemain du jour où expire ce délai, il invite une dernière fois, par téléphone, le débiteur à se libérer dans les 24 heures. A l'expiration de ces 24 heures, le receveur suspend la communication, et adresse à la Direction une liste des abonnés non libérés, qui comprend :

    1° Numéro de compte ;
    2° Numéro du contrat ;
    3° Nom et adresse de l'abonné ;
    4° Montant de la somme impayée ;
    5° Date de la suspension de la ligne.

La communication suspendue est rétablie lorsqu'un abonné se libère après l'envoi de cette liste, et avant que le receveur ait reçu, du Directeur, notification de la résiliation du contrat.

2° Abonnements ayant moins d'un an de date. — Le lendemain du jour où expire le délai de 5 jours accordé par l'avis 1392-43 *bis*, le receveur transmet à la Direction la liste des abonnés de moins d'un an qui ne se sont pas libérés. Le Directeur adresse alors, par l'intermédiaire du receveur, à chacun de ces abonnés, une lettre de mise en demeure lui accordant un délai de 8 jours pour se libérer. Le receveur recommande d'office cette lettre, après y avoir ajouté la date de l'envoi.

Si le payement n'est pas effectué dans le délai fixé, *la ligne est suspendue par le receveur*. Elle est rétablie dans le cas où l'abonné se libère avant que le dossier ait été transmis à l'*Agent judiciaire du Trésor*, chargé du recouvrement de la créance, lorsque le contrat de l'abonné défaillant a moins d'un an de date (Inst. 597, B. m. de nov. 1905).

Abonnement principal. — L'abonnement principal est celui qui a été souscrit pour un poste *principal*, lequel poste est relié, par une ligne spéciale, directement au bureau central.

Abonnements supplémentaires. — L'abonnement supplémentaire est celui qui a été souscrit pour un poste *supplémentaire*, lequel poste est rattaché à un poste principal. Il donne le droit à l'abonné de converser gratuitement, et à volonté, entre le poste principal et le poste supplémentaire.

Le taux annuel de l'*abonnement supplémentaire forfaitaire* est de 50 fr. à Paris et de 40 fr. dans les autres réseaux.

Le taux annuel de l'*abonnement supplémentaire à conversations taxées* est de 30 fr. pour tous les réseaux.

Le *droit d'usage* annuel pour la ligne supplémentaire est de 1 fr. 50 par hectomètre indivisible.

Le *droit d'entretien* annuel pour la ligne supplémentaire est de 0 fr. 02 par mètre (2 fr. par hectomètre) (Art. 4, décret du 7 mai 1901).

Les frais de construction de la ligne supplémentaire sont remboursés à l'État à raison de 20 fr. par hectomètre (0 fr. 20 par mètre).

Les appareils principaux et appareils accessoires des postes supplémentaires sont fournis par l'abonné et les frais d'installation des *appareils accessoires* sont à sa charge.

Abonnement temporaire. — L'abonnement temporaire ou de saison n'est admis que dans les réseaux exclusivement à abonnements forfaitaires (Art. 4 du décret du 7 mai 1901 ; Art. 59 *bis*, Inst. 519).

Abonné à conversations taxées. — L'abonné à conversations taxées est celui qui a souscrit un contrat sous le régime de l'abonnement à conversations taxées.

Abonné forfaitaire. — L'abonné forfaitaire est celui qui a souscrit un contrat sous le régime de l'abonnement forfaitaire.

Achat de documents. — Tout achat de documents du service téléphonique donne lieu à l'établissement de deux déclarations 1108 *bis*, qui sont adressées à la Direction. Les sommes perçues sont portées en recette à l'article 10 du bordereau 1104 et figurent à l'état 1392-84 (Art. 103 *bis*, Inst. 519).

Annuaire du service téléphonique. — L'*Annuaire*, ou *Liste*

des abonnés, est un document sur lequel figurent tous les
réseaux et cabines, ainsi que les noms, adresses et numéros
d'appel de tous les abonnés. Il existe deux Annuaires : celui
de la *Région de Paris* et celui des *Départements*.

Tout abonné à un *poste principal* a droit gratuitement à l'Annuaire de *sa région*. Il peut se procurer, à ses frais, celui de
l'autre région, en s'adressant à l'éditeur (actuellement Ober-
thur, à Rennes).

A la signature du contrat principal, l'abonné remplit une
fiche destinée à servir à son inscription dans l'Annuaire.

En principe, cette inscription doit comprendre :

Nom et prénoms ou raison sociale.... 25 lettres
Profession....................... 15 —
Adresse.......................... 25 —

(Inst. 83 sur la préparation de la Liste des abonnés).

Pour tous renseignements, soit pour le service, soit pour le
public, consulter en outre de l'Annuaire de l'année, le *dernier
supplément paru*. Toute communication demandée pour un
bureau qui ne figure pas à l'Annuaire doit être acceptée après
remarque faite au demandeur, le bureau dont il s'agit pouvant
avoir été ouvert tout récemment.

Appareils accessoires. — On désigne par appareils accessoires les tableaux-commutateurs, interrupteurs, mâchoires,
sonneries supplémentaires, appliques microphoniques, etc.,
installés sur la demande des abonnés et donnant lieu à la signature d'un *avenant*. La *redevance d'entretien* des appareils accessoires est fixée à 5 % de la valeur des appareils, avec minimum de 1 fr.

Les appareils accessoires sont fournis par les abonnés et les
frais d'installation sont à leur charge (Art. 25, arrêté du
8 mai 1901).

Appareil mobile. — L'abonné à conversations taxées qui
désire faire usage d'un *appareil mobile* doit signer un avenant
au contrat principal, par lequel il s'engage à payer une *redevance d'entretien* de 10 fr. par an (Art. 9, arrêté du 8
mai 1901).

Appareil mural. — L'appareil mural, d'un type déterminé
par l'Administration, est mis gratuitement à la disposition de
l'abonné à conversations taxées. Quand l'abonné fournit lui-

même son appareil, cet appareil doit être d'un modèle adopté par l'Administration, et doit être *poinçonné* par celle-ci (Art. 12, arrêté du 8 mai 1901).

Archives. — Délais de conservation des archives : registre 1108, 5 ans (à partir de la clôture) ; reg. 1392-1, 10 ans (à partir de la clôture) ; reg. 1392-3, 5 ans (à partir de la clôture) ; comptes 1392-64, 30 ans.

Arrêtés de vérification. — Les arrêtés de vérification sont établis par les directeurs sur *formule 1283*. Quand ils concernent des *forcements* à l'art. 8 (produit des communications), ils sont passés en écritures à la colonne 8 du registre 1392-3, et à l'art. 8 de l'état 1392-82, ligne : *forcements en recette*. Les forcements concernant les autres articles sont inscrits au registre 1392-3, à la colonne « *produit brut* » de l'article correspondant, au-dessous du total journalier de cet article.

Les *arrêtés de vérification*, *dégrèvements* sont inscrits (registre 1392-3) aux *non-valeurs* de l'article correspondant. Ils sont portés à l'état 1380 des remboursements du téléphone.

Quand l'arrêté mentionne une insuffisance de perception en *tickets*, il doit être joint à cet arrêté un ticket annulé représentant le montant de cette insuffisance. Quand il y a excès de perception en tickets, l'arrêté est établi *pour mémoire*.

Les erreurs de taxes relevées aux procès-verbaux 1392-68 ne font pas l'objet d'arrêtés de vérification. Elles sont signalées, par le Directeur, au receveur qui, suivant le cas *crédite* ou *débite* le compte de l'abonné (*compte 1392-64*). Les insuffisances de perception sont, en outre, portées colonne 9 de l'état 1392-38 ; et les taxes perçues en trop, colonne 6 du même état.

Les arrêtés de vérification sont renvoyés immédiatement à la Direction (Art. 125, Inst. 519).

Avances faites par Divers. — Les avances faites par Divers sont des avances *remboursables* versées par les départements, les municipalités, les syndicats, les chambres de commerce, les particuliers, etc., pour contribution aux frais de premier établissement des circuits et réseaux téléphoniques. Ces avances sont remboursées aux ayants droit sur le produit des abonnements et des communications, et sont encaissées par les receveurs, d'après des titres de perception 1392-15 *bis* établis, par l'Administration, à l'art. 12 du bordereau 1104 (*contribu-tions et revenus publics*). Ces encaissements donnent lieu à l'éta-blissement de deux déclarations 1108 *bis* (Art. 145 et suivants, Inst. 519).

Le premier paragraphe de l'*art. 30* du bordereau 1104 : *Opé-rations de trésorerie* ; *Avances faites par Divers*, ne concerne que le receveur principal.

Les mandats de remboursement des *Avances faites par Divers* sont portés en *dépenses*, par les receveurs, à l'art. 18 du bordereau 1104 : *Avances faites par Divers* (Art. 133, Inst. 519).

Avenant. — L'avenant est une pièce annexe au contrat prin-cipal, signé par l'abonné, pour l'usage d'*appareils accessoires* ou d'un *poste mobile*. Il doit être revêtu d'un timbre de dimension de 60 centimes à la charge de l'abonné.

Avis 1392-43. — Avis établi et signé par le receveur, invitant l'abonné à verser le montant de son abonnement. Cet avis doit parvenir à l'intéressé le *15ᵉ jour avant la date de l'échéance* (Art. 71, Inst. 519).

Avis 1392-43 *bis.* — Avis établi et signé par le receveur, adressé *recommandé* à tout abonné qui, à la clôture de la jour-née d'échéance, ne s'est pas encore libéré (Art. 71, Inst. 519).

Avis d'appel. — Avis (verso de la formule télégramme de départ, n° 1392-25) destiné à prévenir une personne qu'elle est demandée, à une cabine publique ou chez un abonné, pour une communication téléphonique.

La taxe des avis d'appel est :

1° De *25 centimes* dans l'intérieur d'un réseau ; entre bureaux ou réseaux d'un même canton ; entre bureaux reliés par des lignes dont la longueur ne dépasse pas 25 kilomètres ;

2° De *30 centimes* entre réseaux d'un même département autres que ceux désignés ci-dessus ;

3° De *40 centimes* pour tous les autres cas.

A l'arrivée, les avis d'appel sont écrits sur la *formule 1392-26* et distribués comme les télégrammes ordinaires. Dans le cas où le destinataire est un abonné, l'avis d'appel est transmis *par téléphone*.

La communication téléphonique, faisant suite à un avis d'appèl, est taxée comme une communication ordinaire (Inst. 503, B. m. sup^re de janvier 1899).

Bordereau 1392-37. — Pièce à établir par les receveur-lorsqu'il y a eu, dans une journée, encaissement d'abonne-ments figurant au registre 1392-1. Les totaux antérieurs, *depuis le commencement du mois,* doivent être reportés au-dessous du total de la journée. Les comptes sont inscrits au borde-reau 1392-37, *dans leur ordre numérique.* Ces bordereaux sont numérotés en une série ininterrompue pour toute l'année et doivent être adressés à la Direction à la clôture des journées d'encaissement (Art. 79, Inst. 519).

Cession des contrats. — La cession d'un abonnement peut avoir lieu en faveur de :

1° Du successeur industriel, commercial, etc., du titulaire primitif, que le nouvel abonné continue ou non à occuper les locaux ou le poste où son prédécesseur était installé ;

2° De la personne qui succède à l'abonné primitif, dans le local même où fonctionne la communication téléphonique de ce dernier.

Les demandes de cessions, présentées par les titulaires, sont adressées à la Direction (Art. 6, arrêté du 8 mai 1901 ; Circ. 35, B. m. sup^re, juillet 1901).

Changement de gestion. — L'instruction 519 est muette sur la façon d'opérer, dans les bureaux ordinaires, en cas de chan-gement de gestion. Certains chefs de service font arrêter, comme en fin de mois, les états du téléphone ; d'autres ne tiennent pas compte de la coupure de gestion en ce qui concerne ces états, lesquels sont établis pour le mois entier. Dans tous les cas, les totaux des mois antérieurs sont toujours repris sur les états mensuels téléphoniques qui doivent présenter les *résul-tats généraux* depuis le commencement de l'année.

Circuit téléphonique. — On désigne par circuit télépho-nique la ligne électrique qui relie deux bureaux entre eux. Un circuit dessert fréquemment un troisième poste intermédiaire intercalé sur ce circuit. Dans ce cas, des *relais polarisés,* in-stallés à ce poste intermédiaire, permettent, néanmoins, aux bureaux extrêmes de communiquer *directement* entre eux.

Clôture des comptes de provisions. — Le receveur qui a

reçu une demande de remboursement de provision arrête le compte 1392-64, s'assure que l'abonné n'est débiteur d'aucune somme envers l'Administration, et, le cas échéant, inscrit cette somme au *débit* du compte 1392-64 et au *crédit* du registre 1392-1. Après quoi, il convoque l'intéressé et rembourse le reliquat disponible (Art. 31, Inst. 519).

Communications avec les agents de service. — Les receveurs des postes, en tant que chefs de service, ne sont pas abonnés, et des communications *ordinaires payantes* ne peuvent être demandées avec eux. Les communications pour le service doivent être également refusées, *sauf lorsqu'elles sont deman-dées avec le chef de service pour une réclamation relative au télé-phone.*

Communication des abonnés en dehors des heures d'ouver-ture de leur bureau d'attache. — Les communications de l'es-pèce peuvent être accordées par l'Administration aux abonnés qui en font la demande, *dans la limite des circuits disponibles et suivant les exigences du service général.* Elles donnent lieu au payement d'une *redevance mensuelle de 5 fr.* Ouvrir à l'a-bonné un compte spécial au registre 1392-1, et encaisser la redevance mensuelle : colonne 13, registre 1392-3, et art. 9 du bordereau 1104 (Circ. 68, B. m. d'octobre 1903).

Communications en transit. — Une communication est *en transit* dans un bureau intermédiaire quand ce bureau inter-médiaire intervient pour l'établissement de cette communica-tion. Toute communication en transit est inscrite sur le procès-verbal du circuit desservant le bureau d'origine (*transit, arri-vée*); et sur le procès-verbal du circuit desservant le bureau sur lequel la communication est acheminée (*transit, départ*).

S'il n'est tenu qu'un procès-verbal pour tous les circuits, la communication en transit n'est inscrite qu'une seule fois. *Elle est toujours comptée pour une seule communication* (qu'elle soit inscrite une fois ou deux fois sur les procès-verbaux). Les communications en transit figurent à la colonne 26, état 1892-67 *ter*, et aux colonnes 33 et 35, état 1392-82.

Communications internationales. — Les communications internationales sont traitées comme les communications de l'intérieur. Elles sont acceptées et taxées suivant les instructions que les bureaux ont reçues, à ce sujet, de la Direction. Elles figurent comme *nombre* et comme *produit* aux colonnes 22, 23, 24 et 25 de la statistique 1892-67 *ter*.

Communications interurbaines. — On désigne sous ce nom les communications échangées entre bureaux, réseaux ou cabines téléphoniques non situés dans la même localité. Les taxes des communications *interurbaines*, pour chaque département, figurent sur l'*Annuaire*, ou *Liste des abonnés*. (Voir article : *Taxes des conversations téléphoniques*.)

Communications payées en tickets. — Toute personne qui veut obtenir une communication téléphonique *à partir d'une cabine publique* doit présenter un ticket au préposé de cette cabine. Au moment où le demandeur pénètre dans la cabine, le préposé annule le ticket au moyen d'un timbre à date. La communication terminée, le ticket est coupé en deux. La partie revêtue de la figurine est conservée ; l'autre est remise à l'intéressé (Art. 4, Inst. 519).

Il est interdit aux préposés et gérants des cabines de donner des communications sans que les demandeurs soient munis de tickets. Ceux-ci ne doivent jamais être *annulés en bloc*, en fin de journée ou en fin de mois ; ils doivent l'être au *moment même de la communication*.

Communications urbaines. — Les communications désignées sous ce nom sont des communications locales échangées entre abonnés à l'intérieur d'un réseau, ou entre abonnés et cabines faisant partie de ce réseau.

La taxe des communications urbaines, par unité de conversation de 3 minutes, est de 0 fr. 15 à Paris et de 0 fr. 10 dans les départements.

Les abonnés *forfaitaires* ne payent pas les communications urbaines qu'ils demandent avec les abonnés de leur réseau.

Communications urbaines gratuites. — Communications demandées par un abonné forfaitaire avec un abonné du réseau.

Ces communications, qui n'ont lieu que dans les réseaux qui ont des abonnés *forfaitaires*, ne figurent pas sur les procès-verbaux 1392-68. Elles se portent *en bloc*, à la colonne 2 de l'état 1392-67 *ter*, d'après le comptage qui en est fait suivant les prescriptions de l'art. 37, Inst. 554, B. m. d'octobre 1903.

Compléments de provisions. — Lorsque, en fin de mois ou dans le courant du mois, le reliquat de provision est égal ou inférieur au quart du dépôt normal de la provision, l'abonné est invité, par avis 505, à verser un complément (Art. 20, Inst. 519).

Les compléments de provision sont inscrits, comme les provisions des nouveaux abonnés, à l'art. 8 du registre 1108, au registre 1392-3, à l'état 1392-82 et à l'état 1392-38. (Voir article : *Provisions.*)

Comptabilité journalière. — Le receveur totalise en fin de journée les colonnes des recettes téléphoniques du registre 1108, de l'état 1380 du téléphone, des procès-verbaux 1392-68 (cabine et bureau central). Les totaux obtenus sont reportés aux colonnes correspondantes du registre 1392-3. Le *produit brut* de chaque catégorie de recettes est inscrit à la colonne correspondante du sommier 1101. Le total des *non-valeurs* de chaque article est ajouté au livre de caisse 1103 (Art. 155, 156, 157, Inst. 519).

Comptabilité mensuelle. — Les opérations du dernier jour du mois étant inscrites aux registres 1392-3, 1101 et 1103, le receveur arrête le *produit brut mensuel* de chaque article. Il totalise ensuite le montant des *non-valeurs* et ajoute d'office à l'art. 8, *produit des communications téléphoniques*, colonne 13, registre 1392-3, le montant des taxes télégraphiques et surtaxes téléphoniques (registre 1398).

Le produit net de chaque article est établi en déduisant le montant des non-valeurs du produit brut de chaque article. Cette déduction est faite aux registres 1392-3, 1101 et 1103 (Art. 160, Inst. 519).

Si les non-valeurs d'un article excèdent le produit brut de ce même article, la déduction prescrite est différée jusqu'à ce que le montant des recettes permette de le faire.

Toutefois, si les taxes et surtaxes des télégrammes téléphonés excèdent le produit brut, la déduction est faite jusqu'à concurrence du produit brut, et l'excédent seul est conservé aux avances autorisées pour être déduit ultérieurement. Une note explicative est épinglée à l'état 1392-82 (Art. 161, Inst. 519).

Etats mensuels à fournir, par les receveurs, et à envoyer le 1ᵉʳ du mois à la Direction, sous paquet spécial intitulé : *Comptabilité téléphonique :*

2

Etat 1380 des remboursements et pièces à l'appui (n'est pas fourni négatif) ;

Etat 1392-38 (fourni par les bureaux ayant des abonnés) ;

Etat 1392-67 *ter* ;

Procès-verbaux 1392-68 (tickets annulés à l'appui) ;

Etat 1392-82 ;

Etat 1392-84 (fourni même négatif).

Compte 1392-64. — A chaque abonné, qui a versé une provision ou dépôt de garantie, est ouvert, par les receveurs, un compte sur formule 1392-64, destiné à la récapitulation des opérations mensuelles de recettes et de dépenses. Les formules 1392-64 portent les numéros d'appel des abonnés. Classées d'après ces numéros, ces formules sont réunies au moyen de griffes ou attaches, pour qu'aucune feuille ne s'égare et afin de permettre l'introduction d'un nouveau compte ou d'éliminer un compte clôturé.

Les feuilles 1392-64 *bis*, destinées aux abonnés, servent à relever les communications échangées dans le mois et les versements reçus. Elles sont classées de la même façon que les formules 1392-64 (Art. 16 *bis*, Inst. 519).

Contrats d'abonnement. — Les contrats d'abonnement sont souscrits par les titulaires *pour une durée minimum d'un an.* Quand ils sont signés par un *fondé de pouvoirs*, une copie de la procuration doit y être jointe. Ils sont revêtus d'un timbre de dimension de 0 fr. 60, à la charge de l'abonné.

Conversations gratuites. — Les seules conversations téléphoniques qui ne donnent pas lieu à perception de taxe sont :

1° Conversations d'un abonné forfaitaire d'un réseau avec les abonnés de ce réseau ;

2° Conversations entre un abonné forfaitaire de groupe et un abonné des réseaux de ce groupe ;

3° Conversations échangées, à partir des cabines d'un réseau, avec les abonnés du même réseau, par des abonnés forfaitaires de ce réseau, détenteurs d'une carte ou d'un livret d'identité (Art. 1er, Inst. 519).

Communications officielles. — La *franchise téléphonique* n'existe pour aucun service public. En cas de danger public, un fonctionnaire peut obtenir une communication sans acquitter la taxe ; mais il doit déposer une *réquisition* qui est annexée au procès-verbal 1392-68 (Art. 40 et suivants, Appendice n° 20, Inst. 519).

Déclaration 1108 *bis.* — Déclaration de versement, sur feuille libre, qui doit être établie par les receveurs pour certains recouvrements téléphoniques qui sont : 1° *Avances remboursables* pour l'établissement de circuits et réseaux (Art. 12 du bordereau 1104) : *deux déclarations à fournir* ; 2° *Recettes diverses et accidentelles*, achat de documents, installation d'appareils accessoires, déplacement de postes ou d'appareils, etc. (Art. 10, bordereau 1104) : *une déclaration à fournir* ; 3° *Parts contributives* (Art. 11 du bordereau 1104) : *deux déclarations à fournir.*

Il n'est pas établi de déclaration 1108 *bis* pour les recouvrements d'abonnements portés au registre 1392-1.

Décompte 1392-66. — Formule servant à l'établissement des remises semestrielles à établir par les receveurs et à adresser à la Direction à la fin de chaque semestre (Art. 195, Inst. 519).

Décompte à forcer au centime. — Lorsque la division par *quatre* du montant des redevances téléphoniques donne un quotient comportant une fraction de centimes, ce quotient est forcé au centime (Art. 60, Inst. 519).

Doublement des lignes à simple fil. — Les anciens abonnés, reliés par des lignes à simple fil, peuvent demander le *doublement* de ces lignes. Pour les abonnés forfaitaires, ce doublement a lieu à leurs frais (10 fr. par hectomètre ; 0 fr. 10 par mètre). Pour les abonnés à conversations taxées (au taux de 50 fr.), le doublement a lieu aux frais de l'Etat, mais le taux de l'abonnement principal est ramené à 80 fr. pour la 1re année ; 60 fr. la 2e ; 40 fr. la 3e et années suivantes.

Les lignes supplémentaires sont toujours doublées aux frais des abonnés (0 fr. 10 par mètre). Quand un abonné, forfaitaire ou à conversations taxées, *relié par une ligne à simple fil*, renouvelle son contrat pour une cause quelconque, *le doublement est obligatoire.*

Droit d'entretien des lignes téléphoniques. — On désigne ainsi la redevance due pour *l'entretien* des sections de lignes situées en dehors du périmètre gratuit et des lignes supplémentaires ou des lignes de raccordement des sonneries supplémentaires (redevance annuelle, 2 fr. par hectomètre ; 0 fr. 02 par mètre, avec minimum de 1 franc par contrat et par an (Art. 36, arrêté du 8 mai 1901).

La redevance d'entretien se cumule avec le droit d'usage au registre 1392-1. Les redevances pour droits d'usage et d'entretien, indiquées au registre 1392-4, sont encaissées en même temps que le montant de l'abonnement principal et sont portées en *recette* dans les mêmes conditions.

Droit d'usage des lignes téléphoniques. — Le droit d'usage est une redevance spéciale due par les abonnés pour l'usage de leurs lignes supplémentaires. Cette redevance est de 1 fr. 50 par an et par hectomètre indivisible de ligne. Elle est cumulée avec le droit d'entretien au registre 1392-4 (Art. 4, décret du 7 mai 1901), et recouvrée en même temps et dans les mêmes conditions que le montant de l'abonnement principal.

Durée des communications. — La durée d'une communication locale, originaire ou à destination d'un poste public; celle de toute communication interurbaine ou message ne peut excéder deux unités de conversation (6 minutes) lorsque d'autres demandes sont en instance sur les lignes à utiliser (Art. 24, décret du 7 mai 1901).

La durée des conversations doit être constatée, par les bureaux correspondants, sans accord préalable (Art. 7, Inst. 519).

Durée des contrats d'abonnement. — Le contrat de concession d'un poste principal ou supplémentaire commence à courir du 1er ou du 16 qui suit le jour où l'installation permet la communication avec le réseau. En cas de décès des abonnés, l'effet des contrats n'est pas modifié, les héritiers étant tenus solidairement à l'exécution de ces contrats (Art. 37, 38, arrêté du 8 mai 1901).

Les contrats sont souscrits pour une durée minimum d'un an et, en cas de résiliation d'un contrat qui n'a pas un an de date, l'abonné est néanmoins tenu de payer les redevances afférentes à une année entière d'abonnement.

Echéances. — Il existe vingt-quatre échéances pour le recouvrement des abonnements téléphoniques partant des 1er et 16 de chaque mois. Ces échéances sont divisées en 6 séries. Une 7e série, comprenant les contrats souscrits *avant le 1er janvier 1896*, existe dans certains départements. (Art. 48, Inst. 519).

Voir au Bulletin supplémentaire de juillet 1903, page 211, le tableau indiquant les dates réglementaires des diverses opérations de recouvrement à toutes les échéances (Appendice 25, Inst. 519).

Épuisement de provision. — Lorsque le reliquat de provision d'un abonné est égal ou inférieur au quart du dépôt normal de garantie (Art. 20, Inst. 519), cet abonné est invité (par avis 505) à compléter sa provision. S'il n'effectue pas de versement, les communications continuent à lui être accordées jusqu'à *épuisement complet* de la provision. Puis un avis recommandé, établi par le receveur, l'informe que les communications lui seront désormais refusées, jusqu'à ce qu'il ait renouvelé sa provision (Art. 24, Inst. 519).

Établissements secondaires. — On désigne par établissements secondaires téléphoniques les bureaux téléphoniques (pourvus seulement d'une cabine ou pourvus d'une cabine et d'un réseau) gérés par des *facteurs-receveurs* ou des personnes étrangères à l'Administration (*gérants*).

État 1392-38. — État mensuel, tenu par les receveurs, à envoyer le 1er à la Direction, à l'appui de l'état 1392-82 :

Colonne 1. — Porter les numéros d'appel des abonnés dans l'ordre numérique.

Colonne 2. — Noms des abonnés.

Colonne 3. — Montant du dépôt normal de la provision.

Colonne 4. — Reliquat du mois précédent à reprendre exactement en tenant compte des rectifications prescrites par la Direction.

Colonne 5. — Inscrire le montant des provisions versées par les nouveaux abonnés, ainsi que les compléments de provisions recouvrés dans le mois.

Colonne 6. — Taxes perçues en trop (rectifications prescrites par la Direction).

Colonne 7. — Total de l'avoir.

Colonne 8. — Montant des taxes prélevées sur provision (Formule 1392-64).

Colonne 9. — Taxes perçues en moins (rectifications prescrites par la Direction), remboursements des reliquats de provision.

Colonne 10. — Total des taxes des *télégrammes téléphonés* perçues sur le montant de la provision.

Colonne 11. — Montant des *surtaxes de 25 centimes* perçues pour télégrammes à destination de bureaux téléphoniques municipaux.

Colonne 12. — Total du doit.

Colonne 13. — *Reliquat* à la fin du mois à reprendre à la colonne 4 de l'état du mois suivant.

Les comptes des abonnés des *établissements secondaires* sont constatés, dans la même forme, à la suite des abonnés du bureau principal (Art. 167, Inst. 519).

État 1392-82. — État mensuel, établi par les receveurs, à adresser à la Direction, le 1er de chaque mois au soir, ou le 2 au matin.

Cet état est appuyé, le cas échéant, des bordereaux d'envoi des tickets retirés du service; des dossiers de remboursement et de l'état 1380; des procès-verbaux 1392-68 et 1392-68 *bis*; de l'état 1392-38 et de l'état 1392-84.

Tenue de l'état 1392-82 *dans ses parties principales :*

Tableau n° 1. — Porter art. 8, § 3, la valeur brute des tickets reçus; § 6, le montant des provisions et compléments de provisions, montant égal au total de la colonne 5 de l'état 1392-38; § 8, les forcements; aux *non-valeurs*, § 10, la remise de 1 % sur les tickets; aux *non-valeurs*, § 13, les remboursements et le montant des taxes télégraphiques et surtaxes téléphoniques prélevées sur provisions à *réintégrer aux art. 4 et 32 du sommier 1401 et du bordereau 1104.*

Déduire les non-valeurs du produit brut, ce qui donne le *produit net*, à faire figurer art. 8 du bordereau 1104.

Art. 9, § 16. Porter à cet article les recouvrements d'abonnement concernant les réseaux remboursés (montant égal au total général du dernier bordereau 1392-37 du mois, chiffre à reporter art. 9 du bordereau 1104).

Tableau n° 2. — Art. 30, § 22. Porter les recouvrements d'abonnements (réseaux non remboursés). Total égal au total général du dernier bordereau 1392-37 du mois. Chiffre à reporter à l'art. 30 : Divers 1/c, etc., du bordereau 1104.

Tableau n° 3. — Renseignements à fournir le cas échéant sur les parts contributives, les avances remboursables et les remises pour frais de perception à domicile

Tableau n° 4, 1re colonne. — Indiquer le nom du bureau principal et ensuite, dans l'ordre alphabétique, ceux des établissements secondaires rattachés à ce bureau :

Colonne 28. — Total des communications de départ de la cabine (com. perçues en tickets).

Colonne 29. — Total des communications d'arrivée pour la cabine (com. ordinaires, avis d'appel, messages).

Colonne 30. — Taxes perçues en tickets, somme égale au total des colonnes des procès-verbaux 1892-68 (taxes perçues en tickets).

Colonne 31. — Communications de départ des abonnés du réseau.

Colonne 32. — Communications d'arrivée pour les abonnés du réseau.

Colonne 33. — Communications de transit (communications comptées qu'une seule fois, bien que pouvant figurer sur deux procès-verbaux).

Colonne 34. — Le total de cette colonne est égal au total des colonnes des p.-v. 1392-68 (taxes à porter au compte de l'abonné) et au total de la colonne 8 de l'état 1392-38.

Colonne 35. — A remplir seulement par les bureaux n'ayant pas de personnel rétribué par l'État pour assurer le service téléphonique (total des colonnes 28, 29, 31, 32 et 33).

Colonne 36. — Porter le nombre des communications gratuites des abonnés forfaitaires. Colonne à remplir seulement par les bureaux ayant droit aux remises, mais possédant des abonnés forfaitaires.

Colonne 37. — Total des colonnes 28, 29, 31, 32 et 33 (Art. 163, 164, Inst. 519).

Etat 1392-84. — Etat mensuel, établi par les receveurs, à adresser le 1er ou le 2 à la Direction, à l'appui de l'état 1392-82. Cet état est fourni même négatif. Les titres de perception 1392-15 (recettes diverses et accidentelles), encaissés dans le courant du mois, sont décrits à cet état et y sont joints, ainsi que les déclarations du versement 1108 *bis*.

Le montant de l'état 1392-84 doit être égal au total de l'art. 10 du bordereau 1104 (recettes diverses et accidentelles, téléphones) (Art. 166, Inst. 519).

Exercice courant. — Exercice qui s'étend du 1er janvier au 31 décembre de la même année. Les recettes d'abonnement appartiennent toujours à l'exercice courant. Il n'y a que certaines recettes diverses et accidentelles qui appartiennent parfois à l'exercice antérieur.

Facteurs-receveurs. — Les facteurs-receveurs, chargés d'assurer le service téléphonique, *ne sont pas comptables*. Toutes leurs opérations sont prises en charge et contrôlées par les bureaux auxquels ils sont rattachés et qui sont responsables de la bonne tenue de leurs écritures.

Le *bureau d'attache* est seul chargé de poursuivre le recouvrement des sommes de toute nature dues par les abonnés. Le facteur-receveur peut toutefois servir *d'intermédiaire* pour ces encaissements et pour les remboursements à effectuer (Art. 171, Inst. 519).

Les comptes des abonnés des établissements de facteurs-receveurs sont établis et surveillés par le bureau d'attache : la situation de ces comptes est fournie sur l'état 1392-38 du bureau d'attache (Art. 173, Inst. 519).

Les abonnés des réseaux desservis par les facteurs-receveurs sont tenus de verser directement au bureau d'attache, s'ils ne veulent pas accepter l'intermédiaire du facteur-receveur (Art. 171, Inst. 519).

Une première avance en tickets est faite par le bureau principal au facteur-receveur. Quand l'approvisionnement de ce dernier est sur le point d'être épuisé, il se réapprovisionne auprès du bureau d'attache, au moyen du numéraire provenant de la vente des tickets. La remise de 1 °/₀ lui est faite sur le *produit brut* des figurines (Art. 138, 139, 140, Inst. 519).

Liste des pièces et états à fournir par le facteur-receveur au bureau d'attache :

En fin de quinzaine. — Procès-verbaux 1392-68 (1ʳᵉ quinzaine) de la cabine, ou de la cabine et du circuit. Tickets annulés à l'appui.

En fin de mois. — Procès-verbaux 1392-68 (2ᵉ quinzaine avec report des antérieurs de la 1ʳᵉ quinzaine) de la cabine ou de la cabine et du circuit. Tickets annulés à l'appui. Statistique 1392-67 *ter*.

Feuille 1392-64 *bis*. — Feuille destinée à être envoyée en fin de mois, par le receveur, aux abonnés et sur laquelle sont portés, d'après le procès-verbal 1392-68, le nombre et les taxes des *conversations payées sur provisions*, ainsi que les versements reçus (provisions et compléments de provision) (Art. 16 *bis*, Inst. 519).

Formule 1392-25. — Imprimé (Verso de la formule 698, télégramme départ) à utiliser pour un *avis d'appel de départ*.

Formule 1392-26. — Imprimé à utiliser pour un *avis d'appel d'arrivée*.

Formule 1392-27. — Imprimé à utiliser pour un *avis d'appel en transit*.

Gérants. — Les dispositions réglementaires concernant le service des facteurs-receveurs sont, en tous points, applicables aux gérants. (Voir article : *Facteurs-receveurs.*)

Imprimés. — Les imprimés téléphoniques sont demandés annuellement, par les bureaux, sur le bordereau 991. Ceux qui ne figurent pas à ce bordereau sont demandés à la Direction, au fur et à mesure des besoins, ou sont envoyés d'office par cette dernière.

Les bureaux principaux sont tenus d'approvisionner en imprimés les établissements secondaires rattachés à leur bureau. Ils doivent, en conséquence, tenir compte de cette obligation, au moment de l'établissement de leurs demandes annuelles d'imprimés.

Instruction 1392-75. — Instruction, à l'usage des bureaux téléphoniques, d'une certaine importance, indiquant les règles à suivre pour l'établissement des communications.

Messages. — Communication destinée à une personne non abonnée, transmise par l'expéditeur lui-même, à partir d'une cabine ou d'un poste d'abonné, au bureau destinataire chargé d'en effectuer la remise. Le message est écrit, par l'expéditeur, sur papier ordinaire ou sur formule de télégramme départ.

La taxe d'un message est de 50 centimes par 3 minutes de communication, due à partir du moment où le demandeur communique avec le poste destinataire.

Les messages sont admis à l'intérieur des réseaux possédant un service de distribution télégraphique et entre bureaux téléphoniques *pour lesquels la taxe des communications ordinaires est de 25 centimes.*

La durée de la communication pour message ne peut excéder 6 minutes, lorsque d'autres demandes de communications sont en instance sur les lignes à utiliser.

Les messages sont, à *l'arrivée*, transcrits sur une formule (télégramme d'arrivée) et distribués comme les télégrammes ordinaires. Ils sont inscrits au procès-verbal 1392-68. Le mot *message* figure dans la colonne : Observations (Art. 68 et suivants, arrêté 8 mai 1901).

Numéro d'appel. — Le numéro d'appel est le numéro de l'*annonciateur* auquel aboutit la ligne de l'abonné au tableau du poste central. Il figure sur l'*Annuaire*. La désignation des abonnés, dans le service des communications, n'a lieu, en général et surtout dans les grands réseaux, que par le numéro d'appel.

Numéro de compte. — Il ne faut pas confondre le *numéro de compte* avec le *numéro d'appel*. Le numéro de compte est le numéro du premier contrat principal souscrit par l'abonné. Ce numéro doit figurer 1re colonne, registre 1392-1.

Numéros de contrats. Les contrats et avenants d'un même réseau sont numérotés, en commençant par le n° 1, en une série ininterrompue. Ces numéros figurent dans la 3e colonne du registre 1392-1.

Non-valeurs téléphoniques. — On désigne sous ce nom certaines sommes à déduire du produit brut de chaque article pour former le produit net.

Parts contributives. — Les parts contributives des abonnés aux frais de premier établissement de leurs lignes sont encaissées, par les receveurs, d'après des titres de perception 1392-15 établis par les directeurs.

Elles sont inscrites : art. 11, registre 1108 (remettre un récépissé à la partie versante) ; colonne 25 du registre 1392-3 ; tableau 3 de l'état 1392-82, art. 11, § 25 ; art. 11 du bordereau 1104.

Les titres de perception 1392-15 sont envoyés à la Direction, accompagnés de deux déclarations 1108 *bis* (Art. 109 et suivants, Inst. 519).

Poste principal. — Poste téléphonique d'abonné, relié par une ligne spéciale directement au bureau central. (Voir articles : *Abonnement à conversations taxées et Abonnement forfaitaire.*)

Poste supplémentaire. — Poste téléphonique d'abonné rattaché à un poste principal. (Voir article : *Abonnements supplémentaires.*)

Procès-verbaux 1392-68. — Il n'existe plus qu'une formule

unique (1392-68) pour l'inscription des communications téléphoniques. La tenue des procès-verbaux 1392-68 (cabines et
postes centraux) est réglementée par l'Inst. 554. B. m. d'octobre
1903, p. 301.

1º Les bureaux téléphoniques n'ayant qu'une *cabine*, ou,
bien que sièges d'un réseau n'ayant pas encore d'abonnés,
peuvent ne *tenir qu'un seul procès-verbal 1392-68*, sur
lequel sont inscrites toutes les communications de leur bureau,
suivant les heures de réception des demandes.

La taxe perçue en tickets, pour chaque communication, est
indiquée dans la colonne réservée à cet effet. Les communications de départ sont portées dans la 8ᵉ colonne (biffer *du
réseau* et mettre *de la cabine*); celles *d'arrivée*, dans la 10ᵉ
colonne (biffer *pour le réseau* et mettre *pour la cabine*).

Les communications en transit sont portées, le cas échéant,
dans la colonne *transit* (sans distinction entre *transit départ*
et *transit arrivée*, lorsqu'il n'est tenu qu'un seul procès-verbal).
(Voir article : *Communication en transit*.) Chaque journée est
séparée par un trait de plume.

Les procès-verbaux 1392-68 sont totalisés de façon à présenter, pour tout le mois, le nombre total des communications :
départ, arrivée, transit, et le total des taxes perçues en tickets.

Ils sont adressés, à la Direction, les 2 et 16 de chaque mois,
avec les tickets annulés.

2º Les bureaux ayant des abonnés tiennent, en outre du
procès-verbal 1392-68 de *cabine*, un procès-verbal 1392-68,
pour l'inscription des communications *concernant les abonnés*.

En principe, il devrait être tenu un procès-verbal pour
chaque circuit ; toutefois, dans les bureaux où le service est de
peu d'importance, *il peut n'être fait usage que d'un seul procès-verbal*.

Les procès-verbaux 1392-68 des abonnés sont envoyés à la
Direction à l'appui de la comptabilité mensuelle.

Tous les procès-verbaux 1392-68 doivent être signés par les
agents de service. Ils doivent être tenus soigneusement sans
rature ou surcharge non justifiée. Ils doivent mentionner
exactement l'état des circuits, les difficultés des communications et, en général, tous les incidents de service (Inst. 554,
B. m. d'octobre 1903).

Procès-verbaux 1392-68 *bis*. — Ces procès-verbaux ne sont
tenus que pour les réseaux d'une certaine importance, et dans

lesquels il est échangé un assez grand nombre de conversations locales.

Dans les réseaux de moins d'importance, les communications locales sont inscrites sur les procès-verbaux 1392-68 (Inst. 554, B. m. d'octobre 1903).

Provisions. — Tout abonné, qui veut téléphoner à partir de son domicile, doit, au préalable, verser une *provision*, ou *dépôt de garantie*, sur lequel seront prélevées les taxes des communications téléphoniques ; et, le cas échéant, celles des *télégrammes téléphonés*. La quotité de cette provision est fixée, de gré à gré, entre l'abonné et le receveur. Elle doit, en principe, égaler le montant approximatif des taxes d'un mois (Art. 12. Inst. 519).

La provision est inscrite à l'art. 8 du registre 1108 (un récépissé est remis à la partie versante). Elle est décrite ensuite à la colonne 6 du registre 1392-3 : Provisions et compléments de provision ; à l'art. 8 de l'état 1392-82, § 6, et à la colonne 5 de l'état 1392-38.

Rapports sur la marche du service téléphonique. — Rapport mensuel fourni par les bureaux télégraphiques principaux, dotés du service téléphonique, à établir sur formule 984, d'après les prescriptions de la circ. n° 51 (B. m. de juin 1902), et à adresser à la Direction le 1er du mois.

Récépissé du registre 1108. — Récépissé à détacher et à remettre à la partie versante. Apposer un timbre de quittance de 25 centimes, quand la somme dépasse 10 fr. Plusieurs redevances (abonnements, provisions, etc.) peuvent être portées sur le même récépissé.

Recettes diverses et accidentelles. — Recettes provenant d'achat de documents, du remboursement des frais de déplacement de postes ou d'appareils, d'installation d'appareils accessoires. À porter colonne 19 du registre 1392-3 et art. 10 du bordereau 1104. Les recettes diverses et accidentelles sont encaissées sur le vu des titres de perception établis par la Direction.

Réclamations. — Les réclamations et enquêtes du service téléphonique sont traitées comme celles du service télégraphique. Elles ne souffrent aucun retard. Toutes pièces probantes doivent être jointes aux dossiers d'enquête. (Extrait du procès-verbal, copie d'avis d'appel, de message, etc., certifiés conformes.)

Recouvrement à domicile des recettes téléphoniques. — Au moment de la signature du contrat, l'abonné *qui veut payer à domicile le montant de ses diverses redevances téléphoniques* l'indique au bas du contrat (Art. 115 et suivants, Inst. 519).

Mention du recouvrement à domicile est faite au registre 1392-1, en regard du compte de l'abonné.

Recouvrements d'abonnements. — Vingt jours avant la date de l'échéance (Appendice 25, Inst. 519), le receveur adresse à chaque abonné un avis 1392-43 l'invitant à verser ses redevances d'abonnement au téléphone (registre 1392-1). Les sommes encaissées sont inscrites au registre 1108, à l'art. 9 (produit des abonnements urbains et interurbains), *pour les réseaux remboursés* ; et à l'art. 30 (Divers 1 c), *pour les abonnements des réseaux non remboursés*. Un récépissé (timbré à 0 fr. 25 si l'encaissement dépasse 10 fr.) est remis à la partie versante.

Les versements d'abonnements sont reportés : *Jour par jour*, au sommier 1101, art. 9 (*réseaux remboursés*) ; et art. 30, Divers 1 c (*réseaux non remboursés*). *En fin de mois*, à l'état 1392-82, art. 9, § 16 (*réseaux remboursés*) et art. 30, § 22 (*réseaux non remboursés*) ; au bordereau 1104, art. 9 (*réseaux remboursés*) et art. 30, Divers 1 c (*réseaux non remboursés*).

Pour chaque journée, dans laquelle a été effectué un recouvrement d'abonnement, *établir un bordereau 1392-37*, à adresser à la Direction, à la clôture de la journée.

Le taux de l'abonnement principal à conversations taxées étant de 100 fr. la 1re année, 80 fr. la 2e, 60 fr. la 3e, et 40 fr. la 4e et années suivantes. *le receveur doit, en établissant les avis 1392-43, pour chaque échéance, tenir compte, s'il y a lieu, des modifications concernant le taux des abonnements à conversations taxées.*

Registre 1392-1. — Registre, tenu par les receveurs, sur lequel figurent tous les comptes d'abonnements des abonnés du bureau principal et ceux des abonnés des établissements secondaires rattachés à ce bureau principal.

Ce registre est établi et tenu à jour au moyen des *ordres de perception*, appendice n° 11, Inst. 519, qui sont adressés par la Direction (Bull. supre de juillet 1903, p. 208 et 210).

Les abonnés sont classés au registre 1392-1 en *six séries* (sept pour certains départements) :

1re série. — Echéances : 1er janvier.
— — — 1er avril.
— — — 1er juillet.
— — — 1er octobre.
2e série. — Echéances : 16 janvier.
— — — 16 avril.
— — — 16 juillet.
— — — 16 octobre.
3e série. — Echéances : 1er février.
— — — 1er mai.
— — — 1er août.
— — — 1er novembre.
4e série. — Echéances : 16 février.
— — — 16 mai.
— — — 16 août.
— — — 16 novembre.
5e série. — Echéances : 1er mars.
— — — 1er juin.
— — — 1er septembre.
— — — 1er décembre.
6e série. — Echéances : 16 mars.
— — — 16 juin.
— — — 16 septembre.
— — — 16 décembre.
7e série. — Echéances : 15 janvier.
— — — 15 avril.
— — — 15 juillet.
— — — 15 octobre.

(Art. 47, 48, et appendice 3, Inst. 519).

Les ordres de perception (Appendice n° 11, Inst. 519), adressés par les Directions aux receveurs, sont reportés immédiatement aux registres 1392-1, classés ensuite d'après leurs numéros d'ordre et conservés dans les archives des bureaux.

Il est très important de tenir régulièrement et exactement le registre 1392-1, qui est la seule base du service des recouvrements d'abonnements dans les bureaux.

Dans la colonne : Observations de ce registre, en regard de chaque compte, doivent être indiqués, le cas échéant : les résiliations de contrats, les remboursements des reliquats de pro-

visions, l'encaissement des parts contributives et des frais de
travaux exécutés sur la demande des abonnés, le mode de
recouvrement des redevances : *recouvrement à domicile*, etc

Registre 1392-3. — Registre tenu, jour par jour, par les
receveurs.

L'exercice antérieur ne comprend que les recettes diverses
et accidentelles. L'exercice courant est divisé en plusieurs
parties :

Produit des communications. — Porter le montant des tickets pris en charge, les provisions et compléments de provision,
les abonnements pour conversations interurbaines (Art. 118,
Inst. 519).

Produit des abonnements. — Inscrire les recouvrements
d'abonnements (*réseaux remboursés*) (Art. 119, Inst. 519).

Produit recettes diverses et accidentelles. — Pour les sommes
à porter dans cette partie, voir l'article : *Recettes diverses et
accidentelles.*

Opérations de trésoreries. — Porter les recouvrements
d'abonnements (*réseaux non remboursés*) à la colonne : Divers
1.c, Produit des abonnements, etc.

Communications de la cabine. — Faire figurer, d'après le
p.-v. 1392-68, les communications de départ et d'arrivée pour
la cabine et les taxes perçues en tickets.

Communications des abonnés. — Porter d'après le p.-v.
1392-68, les communications de départ et d'arrivée pour les
abonnés ; les communications en transit dans le bureau, et les
taxes prélevées sur provisions.

Parts contributives. — Indiquer à cette colonne les parts
contributives encaissées.

Le produit net de chaque article est établi en fin de mois
seulement (Art. 121, Inst. 519).

Remboursements. — Les remboursements effectués, d'après
les autorisations de l'Administration ou des Directions (taxes
perçues en trop sur les communications ordinaires, taxes d'avis
d'appel et de messages, reliquats de provision, etc.) sont
inscrits sur un état 1380 (Appendice 24, Inst. 519).

Remboursements de provisions. — Les provisions ou reliquats de provisions sont remboursés aux abonnés qui en font
la demande par écrit. Le compte 1392-64 est arrêté (voir art.
clôture des comptes de provisions) et il est établi un relevé

1392-64 *bis*, faisant ressortir le reliquat à rembourser. L'abonné donne quittance sur ce relevé qui est mis, ainsi que la demande manuscrite, à l'appui de l'état 1392-82. (L'acquit est appuyé d'un timbre de quittance de 0 fr. 10 si le montant du remboursement dépasse 10 fr.)

Les remboursements de provision figurent à l'état 1380 des remboursements, à la colonne 13 du registre 1392-3 ; à l'art. 8, § 13, de l'état 1392-82 et à la colonne 9 de l'état 1392-38 (Art. 30 et suivants, et Appendice nᵒ 24, Inst. 519).

Remise de 1 °/₀ sur les tickets. — Sur le montant brut des figurines reçues, le receveur prélève sur sa caisse une somme de 1 °/₀ qui est inscrite au livre de caisse (Avances autorisées). C'est sur cette somme, *conservée à part*, que le receveur prélève lui-même sa propre remise, au fur et à mesure de la vente, et qu'il remet aux facteurs-receveurs, agents des cabines ou gérants relevant de son bureau, la remise qui leur est due, lorsque ceux-ci se réapprovisionnent contre espèces, des tickets qui leur sont nécessaires (Art. 194, Inst. 519).

Remises sur communications. — Il est alloué aux receveurs ou gérants, *qui ne disposent pas pour l'exécution du service téléphonique d'un personnel rétribué par l'État,* une indemnité de 4 centimes par communication de départ, d'arrivée ou de transit, et une somme de 10 fr. par an, pour chaque abonné forfaitaire relié au réseau.

Ces remises sont liquidées trimestriellement par les soins des Directions (Art. 196, Inst. 519).

Remises pour perception de redevances à domicile. — Chaque recouvrement à domicile de redevances téléphoniques donne lieu à la remise suivante : au receveur, 0 fr. 10 ; au facteur qui effectue l'encaissement, 0. fr. 15 (Inst. 562, B. m. janv. 1904).

Remise sur le produit net des encaissements. — Il est accordé à tous les receveurs, *sur le produit net des encaissements effectués,* une remise fixée à 0 fr. 50 par 100 fr. jusqu'à 10.000 fr.; 0 fr. 25 par 100 fr. de 10.000 à 50.000 fr.; 0 fr. 25 par 200 fr. sur les sommes au-dessus de 50.000 fr. Les receveurs établissent un décompte 1392-66 des remises qui leur sont dues pour le semestre écoulé et l'adressent à la Direction les 1ᵉʳ juillet et 1ᵉʳ janvier (Art. 194, Inst. 519).

Réseau local. — On désigne par réseau local l'ensemble des postes d'abonnés, des postes publics et des lignes rattachant ces postes à un même bureau central téléphonique.

Retrait des figurines détériorées. — Lorsque des tickets parviennent aux receveurs, hors d'état d'être livrés à la vente, une demande de retrait est adressée à la Direction (Art. 137, Inst. 519).

Statistique 1392-67 *ter*. — État mensuel à fournir à la Direction, par tous les receveurs et gérants participant au service téléphonique, le 1er ou le 2 de chaque mois. Cet état doit être tenu *très régulièrement, jour par jour*, suivant les prescriptions de l'Inst. 554, B. m. d'octobre 1903, p. 307. Il est divisé en *3 parties :* communications urbaines, interurbaines et internationales : *1re partie :* Porter les communications locales à 0 fr. 10 (Communications de la cabine), col. 3 ; les communications locales à 0 fr. 10 (abonnés), col. 4. Les messages et avis d'appel, échanges dans le réseau, sont portés, le cas échéant, col. 5, 6, 7 et 8. *2e partie :* Porter les communications de bureau à bureau (interurbaines) : col. 13 (communications de la cabine) ; col. 14 (communications des abonnés) ; col. 15, 16, 17 et 18, les messages et avis d'appels interurbains, suivant qu'ils émanent de la cabine ou des abonnés. *3e partie :* Indiquer les communications internationales. La dernière colonne comprend le *total* des communications *interurbaines seulement* départ, arrivée, transit). Le cadre concernant le nombre et la valeur des tickets annulés doit être rempli exactement. La valeur totale des tickets annulés, portée dans ce tableau, est égale au montant des colonnes 10, 20 et 24 de l'état et au total des taxes perçues en tickets (p.-v. 1392-68).

Remarques importantes pour l'établissement régulier de l'état 1392-67 ter.

1º Le *total* des colonnes 3, 5, 7, 13, 15, 17 et 22 doit être égal au total de toutes les communications de départ de la cabine (p.-v. 1392-68 cabine) et au chiffre indiqué à la col. 28 : tableau 4 de l'état 1392-82 (départ cabine).

2º Le total des colonnes 4, 6, 8, 14, 16, 18 et 23 doit être égal au total de toutes les communications de départ des abonnés (p.-v. 1392-68 abonnés) ; et au chiffre de la col. 31 : départ abonnés, tableau 4 de l'état 1392-82.

3º Le total des col. 10, 20 et 24 doit être égal au total des taxes perçues en tickets (p.-v. 1392-68) et au chiffre de la col. 30, tableau 4, état 1392-82.

4° Le total des col. 11, 21 et 25 doit être égal au total des taxes perçues sur provisions (p.-v. 1392-68 abonnés), au chiffre porté col. 34, tableau 4, état 1392-82, et aux taxes figurant col. 8 de l'état 1392-38.

Les bureaux principaux doivent vérifier les statistiques 1392-67 *ter* de leurs établissements secondaires.

Statistique 1392-70. — Statistique trimestrielle établie par les bureaux principaux : 1° pour tous les circuits *internationaux* : 2° pour les circuits *interurbains* dont le trafic *atteint une moyenne de 60 communications par jour* (Art. 45, Inst. 554, B. m. d'octobre 1903).

Surtaxes téléphoniques de 0 fr. 25. — Surtaxe perçue pour les télégrammes à destination des bureaux téléphoniques municipaux M. T. R. *Ne pas confondre cette surtaxe de 0 fr. 25 avec la surtaxe spéciale de 0 fr. 10 due pour les télégrammes téléphonés des abonnés à conversations taxées et qui fait partie intégrante du produit des taxes télégraphiques.*

Taxes des conversations téléphoniques. — L'unité de durée des conversations de jour et de nuit (urbaines et interurbaines) est fixée à 3 minutes. Taxe par unité de conversation locale ou urbaine de jour et de nuit : 15 centimes dans le réseau de Paris ; 10 centimes dans tous les autres réseaux. Taxe de l'unité de conversation interurbaine de jour : 1° entre réseaux d'un même département, *40 centimes*: 2° entre réseaux de départements différents, *25 centimes* par 75 kilomètres ou fractions de 75 kilomètres de distance mesurée à vol d'oiseau, de chef-lieu de département à chef-lieu de département, sans que cette taxe puisse être inférieure à 0 fr. 40 ni supérieure à 3 fr. par unité de conversation.

La taxe des conversations échangées entre réseaux ou cabines des localités faisant partie d'un même canton, et celles échangées entre bureaux reliés par des lignes téléphoniques ne dépassant pas 25 kilomètres est de 25 centimes seulement.

La taxe de l'unité de conversation ordinaire interurbaine de nuit est fixée aux 3/5 de celle de jour, sans qu'elle puisse être inférieure à 0 fr. 25.

Télégrammes téléphonés. — Tout abonné a la faculté de recevoir et d'expédier ses télégrammes par la ligne téléphonique le rattachant au réseau. Les abonnés *forfaitaires*, sauf à Paris et à Lyon, usent de cette faculté sans payer de surtaxe ; ceux à *conversations taxées* acquittent une *surtaxe spéciale de 0 fr. 10* par télégramme (départ ou arrivée). Les taxes des télégrammes téléphonés, y compris les surtaxes de 0 fr. 10, sont prélevées sur le montant de la provision. Les *télégrammes téléphonés* sont inscrits sur un registre 1398 (B. m. de juillet 1901). Chaque jour, les taxes des télégrammes téléphonés (diminuées des taxes annulées (bons de réponse payée, surtaxes de 0 fr. 25) sont reportées à la feuille de l'abonné 1392-64 *bis*, col. 17 ; les surtaxes téléphoniques de 0 fr. 25 figurent col. 18. *En fin de mois*, ces taxes sont reportées en bloc au compte 1392-64 de l'abonné ; à la col. 10 de l'état 1362-38 (les surtaxes de 0 fr. 25 figurent col. 11) ; à l'art. 8 de l'état 1392-82, col. 13.

Les taxes des télégrammes téléphonés figurent en bloc en fin de journée, aux avances autorisées du *livre de caisse 1103*.

Ne pas perdre de vue que le total des taxes télégraphiques prélevées sur provisions est ajouté, en fin de mois, aux produits du télégraphe, carnet 1368, état 1369, sommier 1101 et art. 4 du bordereau 1104. *Le total des surtaxes téléphoniques de 0 fr. 25 est ajouté, le cas échéant, au produit de l'art. 32*, sommier 1101, et art. 32, bord. 1104 (Inst. 519, art. 161).

Tickets. — Figurines de valeur conventionnelle, vendues aux guichets des bureaux de poste, et servant à payer les communications échangées par l'intermédiaire des cabines (Art. 126 et suiv., Inst. 519).

Les demandes de tickets sont faites, par les receveurs, sur carnet n° 611, au fur et à mesure de leurs besoins et suivant les proportions indiquées art. 128, Inst. 519. Les tickets reçus sont vérifiés à leur réception, comme les timbres-poste, et inscrits à la date de leur réception, à la 2e partie du registre 1392-3 ; puis ensuite, à la 1re partie du même registre, col. 3, valeur brute des tickets reçus, et col. 10, remise de 1 °|₀ sur les tickets.

Les tickets reçus dans le courant du mois figurent également, à l'état 1392-82 ; art. 8, montant brut, § 3, et art. 8, remise de 1 %, § 10. Les bordereaux 1392-12 *ter*, qui étaient joints à l'état 1392-82, sont supprimés. La vente journalière des tickets est portée au *carnet 1344* (Art. 142, Inst. 519).

Les bureaux auxquels sont rattachés des établissements secondaires avancent à ces derniers les tickets qui leur sont nécessaires pour les besoins de leur service (Art. 138 et 139, Inst. 519.)

Titres de perception 1392-15. — La formule bleue 1392-15 sert pour le recouvrement des parts contributives dues par les abonnés pour frais d'établissement de leurs lignes, et pour le recouvrement des recettes diverses et accidentelles (déplacements d'appareils ou installation d'appareils accessoires). Les titres 1392-15 sont renvoyés en fin de mois à la Direction. (Voir article: *Parts contributives et Recettes diverses et accidentelles.*)

Transfert des postes d'abonnés. — Transfert des postes d'abonnés *à Paris et à Lyon* (Art. 27 et 28, App. n° 2, Inst. 519. Dans les autres réseaux, le transfert des postes à conversations taxées donne lieu à la signature d'un nouveau contrat, indépendant du premier. Le transfert a lieu, sans frais, lorsque le poste transféré est situé dans *un périmètre de 1.000 mètres de rayon, à partir du bureau central.* Mais le taux de l'abonnement principal est *ramené à 80 fr. lorsque le contrat a plus d'un an de date, et à 100 fr. lorsqu'il a moins d'un an* (Art. 30, App. n° 2; Inst. 519).

Le transfert des postes d'abonnés forfaitaires a lieu d'après les dispositions de l'art. 29, App. n° 2, Inst. 919.

Transformations des abonnements. — Un abonnement forfaitaire peut être *transformé* en abonnement à conversations taxées et réciproquement (Art. 31, 32, 33, arrêté du 8 mai 1901). Les demandes de transformation doivent être adressées à la Direction.

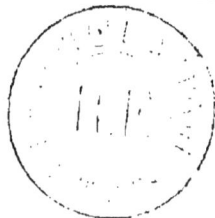

TABLE DES MATIÈRES

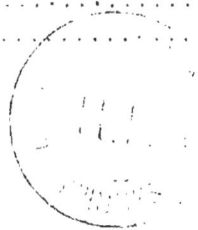

MACON PROTAT FRÈRES, IMPRIMEURS.

www.ingramcontent.com/pod-product-compliance
Lightning Source LLC
Chambersburg PA
CBHW071410200326
41520CB00014B/3374